______________________________ 님께

이 책을 드립니다.

글·그림 이유경

신아출판사

작가노트

온 마음 다하여 피어난 연꽃이 향기를 더하여 맑은 웃음 전해줄 때

내 작은 가슴에 담긴 시 한 줄과 그림으로

희망의 날개를 달아서 하늘에 띄워봅니다

2018년 여름에

이 유 경

차례

차례

1. 청청한 쉼터 장지에 채색

청청한 쉼터

우리들 가슴속에 피어나는
향기로운 꽃 한송이

그대 가슴 속에도
내 가슴 속에도

바라보는 눈길 마다
고운 사랑 퍼올리며
하늘을 향한다

바람소리 물소리 새소리
맑은 숨 들이쉬는
청정한 쉼터

그 곳엔 저녁 달빛 꿈꾸며
내일을 향한 새로운 세상

정갈한 마음들이 두 손 모으며
깨끗한 세상을 향하여
순결하게 웃음 짓는 곳

2. 참되고 선한 마음 장지에 채색

참되고 선한 마음

삶이 물결처럼 출렁거리며
사랑의 길 찾아 헤매는 밤

아리고 아픈 가슴
밤하늘에 올라 앉아
긴 한숨 들이쉴 때
연잎에 피어난 동그란 미소

초록빛 마알간 가슴으로
참되고 선한 마음이
그 곳에 앉아 있네

연꽃 사람

맑은 이슬 머금고
빈 가슴으로 피어올라
내안에 곱게 누우면
청정한 마음 세상

초록빛 순수함이
온 몸에 물들어
고요히 눈빛 밝히면
마침내 눈 뜨는 사랑

넓은 가슴 깨달음으로
연분홍빛 맑은 향기
둥글게 끌어안으면
참된 연꽃사람

3. 연꽃 사람 장지에 채색

그리움

꽃씨에 담긴 맑디맑은 꿈들은
사랑이 머문 꽃향기
단풍 닮은 사람의 뒷모습엔
그리운 가을의 향기

쓸쓸한 바람 소리에 기댄 그리움이
낙엽 지는 길 위에서
무작정 떼쓰는 어린 영혼이
되고 싶었지만

그냥
뒤를 돌아다본다

차가운 바람 부는 가을하늘 아래
눈빛만 머물다 돌아서는 길
계절은 또 흘러가며
내가 홀로 눈물이 핑 돈다

4. 그리움 장지에 채색

5. 달꽃 장지에 채색

 이연 이유경

달 꽃

그대 눈동자처럼
둥글게 피어나
언제라도 맑은 마음
끌어안으며
겸손으로 내려앉은 그 곳엔
무엇이 더 필요하리

연꽃이 피어나듯
고운 웃음으로
달 꽃을 품은 내 가슴 속엔
하늘 가득 내리는
그대 사랑을 안고
고요히 바람을 따르리

동그란 미소

푸른 하늘에 햇살 번지면
구름 위에 서있던
새 한 마리 스스로 제 몸을 낮추고

고운 향기 어린 순수한 동심은
깨끗한 연잎 우산을 쓰고
들려오는 행복한 웃음소리

빛 맑은 곳을 향하여
호수처럼 푸른 마음으로
흘러 흘러가는 길

그대 지극한 사랑 안에서
아름답고 참된 깨달음들은
자비로운 동그란 미소

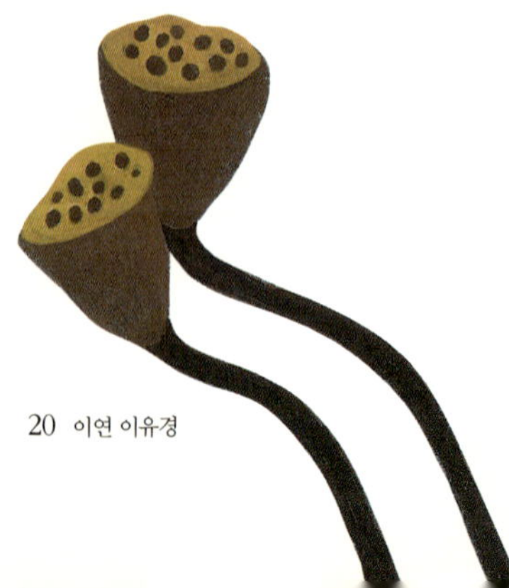

6. 동그란 미소 장지에 채색

7. 새로운 아침이 열리는 풍경　장지에 채색

새로운 아침이 열리는 풍경

비우는 마음이
햇살 반짝이는 연잎에 앉아

고요히 자세를 낮추고
숨죽여 깊어지는 시간

새로운 아침이 열리는 풍경 속엔
번뇌 망상 사라져가며

내 삶도
잠시 평화로운 세상

자유로운 바람이 되어

꿈틀거리는 희망을
눈부신 하늘에 풀어헤치고

저 멀리 바다가 보이는 강으로
물처럼 흘러서 가는 마음

참으로 순수한 동심은
자유로운 바람이 되어

아름다운 깨달음의 씨앗으로
노를 저으며 간다

티 없이 맑은 마음으로
흘러 흘러서간다

8. 자유로운 바람이 되어 장지에 채색

9. 따스한 손길 장지에 채색

따스한 손길

살아있는 모든 것들에게 사랑으로 따스한 손길은

참으로 맑고 향기롭다

향기로 닦인 얼굴

맑은 초록빛
고요히 수면위로 떠올라
세상을 밝히고

아침저녁
향기로 닦인 얼굴은
눈빛 맑은
호수처럼 푸르다

진흙탕에
온 가슴을 적시며
둥글고 고운 빛깔로
사랑을 노래하는 그대

온갖 시름 내려둔
그대 마음 안엔
많은 이들의 아픔이 서려 있네

10. 향기로 닦인 얼굴 장지에 채색

하늘마음

기쁨이 넘쳐흐르는 가슴속엔
푸른 달 한입 베어 물고

마음을 엮어 들려주는
새들의 노래 소리엔
희망 가득 쏟아진다

아름다운 저녁 하늘엔
소중한 사랑으로
온 세상 꽃등 밝히고

꿈꾸듯 하늘마음 안엔
달 빛 홀로 더 수줍다

11. 하늘마음 장지에 채색

지나가는 계절

고요히 바람 지나는 길목엔
저녁 하늘이 내 그림자를 안고
침묵하며 서성이고

분홍빛 웃음 가득했던 꿈들은
그늘진 호수 위에서 마음을 비우며
씨앗을 품는다

날마다 해질녘이면
사랑 가득한 마음으로
부르던 그 이름들이

하나
둘
셋

그림자 드리운 길엔
또 한 번의 계절이
지나가고 있다

12. 지나가는 계절 장지에 채색

내 마음 뛰어올라

바람벽 넘어 넘어
어둠을 가르며
내 마음 뛰어올라
푸른 하늘가에 닿기를

허물어진 내 마음
깊은 삶의 의미를 찾아서
한 발짝 더 멀리
허공에 닿기를

13. 내 마음 뛰어올라 장지에 채색

14. 그대와 함께 장지에 채색

그대와 함께

그대 따뜻한
마음자리에서
사랑의 향기로 기쁨의
눈을 뜰 때

내 영혼을 찾는
그림자 친구 하나

하늘 빛 구름 한 점
행복한 날
그토록 곱게 웃음 짓는
그대와 함께

아름다운 세상을 향한
아득히 먼 깨달음의 길

희망의 꽃씨

서로 같은 꿈을 꾸며
희망의 꽃씨로 맺은
그대와 나

우리의 영혼엔
늘 새롭게 피어나는
연꽃 내음 가득 하여라

15. 희망의 꽃씨 장지에 채색

아름답게 꽃 피는 마음

넓은 가슴 한 가득
사랑으로 꽃피우고

하늘 저 높은 곳에서
내 삶을 씻어준
그대의 향기

손끝에 젖는 한 마음으로
지극한 사랑은

맑은 이슬 머금고
정성을 다하여
아름답게 꽃피는 마음

16. 아름답게 꽃 피는 마음 장지에 채색

17. 웃으며 가는 사랑 장지에 채색

웃으며 가는 사랑

물결처럼 출렁 거리는 마음이
푸른 그대 등에 업혀
청정한 곳으로 향하네

온힘을 다해
모든 고뇌 떠안으며
웃으며 가는 사랑

바라보는 눈길마다
맑은 숨 들이쉬며
행복이 뒤따르고

그대 가슴 깊은 곳을
연꽃 향기로
가득 채우며 가네

마음을 씻는 소리

눈빛 맑은 그대 앞에
고요함으로 떨어지는
깨달음의 씨앗 하나

마음을 씻는 소리

18. 마음을 씻는 소리 장지에 채색

행복한 웃음

연잎에 사뿐 올라 앉아
동행의 손을 내밀면
고요를 품은 마음들이
빛나는 인연의 꽃으로
씨앗이 맺히고

연잎에 흐르는 사랑은
새로운 만남 속에
따뜻한 위로를 건네며
하늘빛 구름 따라
행복한 웃음 지닌다

19. 행복한 웃음 장지에 채색

20. 따뜻한 사랑으로 장지에 채색

따뜻한 사랑으로

어릴 적 꿈들이
하늘에 떠가며
드맑은 마음으로
가슴 씻어 내릴 때

허공의 빈 곳에서
참되고 선한 마음으로
나를 부르는 눈빛 푸른
별 하나

그대에게 가닿고 싶은
간절한 마음으로
짙푸른 하늘가에
사뿐히 올라서면

그대는 내면 깊숙이
따뜻한 사랑으로
손 내밀어
나의 맑은 영혼이 된다

향기롭게 눈뜨는 그대

먹구름 걷힌 하늘에
조각달빛 고요하게
연잎 적시고 갈 때

고결한 숨결로
얼굴 내밀어
향기롭게 눈뜨는 그대

아득한 세상 너머엔
맑아진 마음들이
분홍빛 꽃등을 켜고

그대 자비로운 미소는
가장 아름다운 침묵으로
손 내밀어 고요로운 휴식

21. 향기롭게 눈뜨는 그대 장지에 채색

22. 연꽃 향기 차오르며 장지에 채색

연꽃 향기 차오르며

낮은 강가의 물줄기도
고요히 잠드는
푸르고 푸른 밤

희망에 찬 꽃봉오리
둥근 사랑으로 불 밝히고
아름다운 달빛 물들어 갈 때

연꽃향기 차오르며
눈부시게 익어가는
마음과 마음들

바람 걷힌 허공엔
굽었던 마음들이
허리를 펴고

연잎에 맺힌 이슬
또로록 흘러내리며
맑은 웃음짓는다

고운 향기 물들어

연잎에 맺힌 이슬
또로록 흘러내릴 때
향기로운 연꽃 내음

고운 향기 물들어
아픔의 얼굴 긴 한숨
사랑으로 씻어낸
맑은 영혼들

연분홍 햇살 퍼지는
아름다운 날에
지극한 사랑으로

초록물빛 순수함이
싱그럽게 피어올라
출렁이는 행복

23. 고운 향기 물들어 장지에 채색

24. 꿈을 담는 동심 장지에 채색

꿈을 담는 동심

맑고 청아한 얼굴엔
포근한 미소를 머금고
사랑으로 출렁이는 둥근달

그러나 내가 손잡으면
어둠속에 숨어서
깊어지는 속울음 소리

쓸쓸한 바람 속을
스쳐가던 온갖 시름
지그시 누르고

연꽃 향기 머금으며
맑은 영혼으로
떠가는 둥근달

오늘도 꿈을 담는 동심은
연잎에 올라서서
달을 따려 애쓰고 있네

분홍빛 꿈

내면의 순수함이 서로 기대고
향기로운 마음으로 한 걸음 씩 오가며
웃음 짓는 시간들

돌아보면 빛바랜 그 너머엔
사계절을 앓던 슬픈 꿈들이
내안에 떨구고 간 희망의노래

울다 떠나온 아픔들이
퍼덕이는 날갯짓에
분홍빛 꿈으로 곱게 물들이고

허공에 걸어둔 마음들은
푸른 하늘을 품고 한 곳에 모여
그리움의 파도를 넘고 있다

25. 분홍빛 꿈 장지에 채색

진실의 향기

청정한 바람
하늘 가득 내리는 날
들려오는 고운 웃음소리

연꽃 향기 맞으며
먼데서 찾아온
순수한 사랑

따스한 손끝엔
진실의 향기
아름답게 물들고

가슴 깊은 곳에선
동글동글 맺히는
행복한 씨앗

26. 진실의 향기 장지에 채색

27. 그대의 빈 방에 앉아 장지에 채색

그대의 빈 방에 앉아

꽃잎 몇 장
달빛에 출렁이며
신음할 때

그대의 빈 방에 앉아
그림자 고요함으로
마음의 집을 짓고

내면의 소리에 귀 기울이며
따뜻한 사랑으로
넓고 깊어지는 마음

두 손 합장한 손끝엔
마음의 문 활짝 열어두고
허공을 품어보지만

바람의 한 숨으로
마른 잎 서걱대며
새 한 마리 외롭다

28. 꽃 마음에 기대어 장지에 채색

꽃 마음에 기대어

수척해진 푸른 하늘가에
기억하는 것들은
그리움으로 부딪히며
빛바래져 가고

차가운 한숨
들이쉬는 길 위엔
얼어붙은 마음

어둠을 건너오던
저녁 달빛만
작은 행복을 그리며
손을 흔들고

그대안의 모든 것들은
오늘도 꽃 마음에 기대어
저물어간다

달빛아래 목탁을 두드리며

근심으로 가득 찬 인생살이
멈춰 서서 울 곳을 찾는데

구름 몇 조각 스러져간
빈 하늘엔
연분홍빛 웃음 머금은 달

생각은 말이 없고
침묵으로 들어선 낯선 길

살아 움직이는 내 그림자만
달빛 아래 목탁을 두드리며
바람처럼 자유롭다

29. 달빛아래 목탁을 두드리며 장지에 채색

30. 비움의 꽃 장지에 채색

비움의 꽃

바람이 지나간
고요한 마음 밭엔
아름다운 새 한 마리 날아들고

달빛 흐르는 강가엔
맑은 이슬 내리며
사랑의 노래 들려온다

긴 침묵이
새롭게 열리는 날

고요히 꿈꾸던 달이
세상 한 바퀴 돌다
비움의 꽃을 피우고 있다

31. 온 마음 둥글어지게 장지에 채색

온 마음 둥글어지게

두 손 합장한
그대 마음 안에서
눈부신 하늘이 열리고
온 마음 둥글어지게 하소서

연꽃 마음

마음의 문을 활짝 열어
온 세상 불 밝히면
바라보는 눈길마다
분홍빛 고운 웃음

드넓은 하늘 위를
맑은 마음으로 걸어가면
물빛 이슬 머금은
영롱한 미소

자비로움이 살아 숨쉬는
하늘 닮은 푸른빛은
보석처럼 반짝이는
연꽃 마음

32. 연꽃 마음 장지에 채색

33. 긴 침묵 장지에 채색

긴 침묵

한 밤중에 깨어나
가만히 눈 감는 빛바랜 세월

하늘에 귀 기울이니
밤이슬 맞으며 흐느끼는 달

긴 침묵 사이를
바람이 스치고 간다

흩날리는 고운 빛

두 눈 감고
고요히 마음 젖어들면
그대 오는 소리

그리움 스며들어
바람이 불면
꽃봉오리 펼치는 소리

그대 자비로움으로
나를 끌어안고
고운 빛 흩날리네

34. 흩날리는 고운 빛 장지에 채색

35. 아득한 깨달음 장지에 채색

아득한 깨달음

바람에 지는 낙엽 따라
나무들은 빈손을 흔들고

하늘과 땅 사이를 오가며
울려 퍼지는 풍경소리

눈 반쯤 내려 감고도
피어나는 어지러운 생각들

아직도 눈 먼 내안의 그대여
아득한 깨달음이여

36. 나도 모르는 내 마음 장지에 채색

나도 모르는 내 마음

연잎에 띄워둔 마음이
울리는 목탁소리에
마음 달래보지만

거센 물결로 뒤따르는
가슴앓이로
목이 메이는 서러움

호수에 담긴 하늘 속엔
오락가락 밤새 울어대는
애절한 풍경소리

내안의 소리에
귀 기울이려 애를 쓰는
나도 모르는 내 마음

37. 텅 빈 꽃 마음 장지에 채색

텅 빈 꽃 마음

욕심으로 겹겹이 쌓인
마음의 먼지를 털어내고
험한 길 곱게 누우면

시리도록 푸른 하늘엔
자비의 미소 머금은 달

내 온갖 시름들은
달빛 웃음 껴안고
텅 빈 꽃 마음

잠시 비운 마음

연잎에 맺힌 이슬방울
또로록 흘러내릴 때

내안의 나를 가르침으로
잠시 비운 마음

잠든 나를 깨우며
영혼이 맑아지는 시간

38. 잠시 비운 마음 장지에 채색

39. 깨달음의 길 위에서 장지에 채색

 이연 이유경

깨달음의 길 위에서

비바람에 속에 갇힌 삶
참 마음 찾기 위해
구름 타고 흘러가네

구름타고 흘러가네
허공에 마음 씻고
새잎 돋아나도록

깨달음의 길 위에서
푸른 기도로 두 손 모을 때
웃음 짓는 조각달빛

내안엔 진실한꽃 한 송이
허공에 연분홍빛 물들이며
행복을 찾아서 가네

두 손 모으며

반짝이는 햇살에
영혼을 담고
곱게 웃음 지으며
피어나는 한 송이 꽃

두 손 모으는
그대 눈빛엔
가슴을 파고드는
깨우침의 소리

순수함에 젖어
두둥실 떠가는
눈부신 그대 뒤에서
둥글게 솟아나는 희망

깨달음으로
영혼이 맑아지는 시간
자비의 미소로
행복한 사랑의 길

40. 두 손 모으며 장지에 채색

41. 정성을 다하여 피어난 연꽃 장지에 채색

정성을 다하여 피어난 연꽃

연잎에 자리를 펴고
두 손을 모으니

정성을 다하여
피어난 연꽃이

맑고 깨끗한
웃음 전해주네

잠시 졸음에도

하늘 저 멀리
은은하게 미소 짓는
낮달을 향해

둥근 마음으로
피어올라
향기로운 그대

연잎에 올라 앉아
두 손 모으며
참 나를 찾아가는 길

잠시 졸음에도
그대 영혼의 빛으로
평화롭기만 하다

42. 잠시 졸음에도 장지에 채색

마음의 문을 열고

목탁을 두드리며
강물처럼 흘러라

바람 따라 흘러라
자비로운 마음으로

마음의 문을 열고
고요히 사랑으로 흘러라

가슴앓이 비우며
둥근 마음이 되도록

밤새 울어대는 목탁소리에
깊어가는 달빛

43. 마음의 문을 열고 장지에 채색

저 맑고 향기로운 곳

파아란 하늘 위로 날아올라
두둥실 떠가는 늦은 깨달음은
바람에 날리는 꽃술마다
사랑의 불 밝히고

티 없이 밝은 빛들이
봉우리 봉우리마다
빈 손 흔들며
고요함으로 따뜻한 곳

세상 모퉁이 너머
아름다운 사랑이 숨 쉬며
날마다 새롭게 피어나는
저 맑고 향기로운 곳

44. 저 맑고 향기로운 곳 장지에 채색

45. 투명한 눈빛 장지에 채색

투명한 눈빛

잔잔한 푸른 물결로
출렁이는 하늘이여
깨달음의 빛이여

그대 아름다운 사랑으로
꽃 한 송이 피어나
새하얗게 마음을 여는 날

해맑게 웃음 짓는
투명한 눈빛은
향기로운 연꽃내음

내 안에 아름다운 날들

고단한 숨 고르며
연잎에 올라 앉아
가만히 들여다 본 내안에
곱게 웃음 짓는 하늘

아름다운 날들이 고요히
수면위로 떠오르며
연꽃 마음으로
달 꽃을 피우는 밤

낙엽 지는 가을이
목탁소리에 눈을 뜰 때
산새는 참으로 행복한
꿈을 꾸며 잠을 청한다

46. 내 안에 아름다운 날들 장지에 채색

맑고 향기로운 당신의 숨결

당신의 두 손에 담긴
따사로운 햇살로

내 숨결은
환한 미소 지으며
마음의 길 열어가고

수많은 날들이 가슴에 사무쳐
눈물이 흘러 내려도

맑고 향기로운
당신의 숨결로
아름답게 익어가는 사랑

오늘도 침묵의 빛깔로
허공을 가르는 쪽빛 하늘엔

바람 한 점 물 흐르고
합장한 두 손엔
새로운 꽃잎이 열린다

47. 맑고 향기로운 당신의 숨결 장지에 채색

반짝이는 맑은 눈

그대의 향기로
푸른 별 띄우고
하늘 멀리
춤추며 가는 길

저녁별 그리움들은
가만히 나를 부르며
마음을 열고
설레임으로 달려온다

은은한 바람결엔
그대 숨결 섞이고
밤이 깊을수록
반짝이는 맑은 눈

고요한 밤하늘은
맑은 향기로
나를 조금씩
물들이며 간다

48. 반짝이는 맑은 눈 장지에 채색

비로소 눈 뜨는 사랑

긴 기다림 끝에
그대를 따라 나서며
비로소 눈 뜨는 사랑이여

맑은 꽃향기로
하늘을 여는
싱그러운 사랑이여

49. 비로소 눈 뜨는 사랑 장지에 채색

50. 달뜨는 하늘에서 장지에 채색

달뜨는 하늘에서

내 마음 적시고 가는
적막한 밤에

환하게 꽃등 밝히며
평온함이 스며온다

달뜨는 하늘에서
떨어지는 연꽃향기

한웅큼 따뜻한 마음이
맑은 눈을 뜬다

51. 내 영혼 둥글어지게 장지에 채색

내 영혼 둥글어지게

맑은 햇살 비추는 날에
미소 짓는 풀잎들이
내 마음에 피어올라
바람 따라 피어올라

맑은 햇살 비추는 날에
나비 한 마리 날아들어
더 높은 곳을 향하지 않게
자세를 낮추며 조용히 조용히

구름같이 흘러가는 삶
가던 길 멈춰 서서
고요히 눈을 감고
슬픔을 멈추며 멈추며

맑은 햇살 비추는 날에
한없이 깊어지는 눈빛 속에
푸른 하늘이 열리며
내 영혼 둥글게 둥글게 둥글어지게

비 개이고 무지개 뜨면

비 개이고 무지개 뜨면
마음이 열릴 거야
그동안 꽁꽁 얼어있던
마음과 마음들이

비 개이고 무지개 뜨면
웃음이 나올 거야
나의 좁은 마음속에서
조금씩 웃음이 웃음이

지난날들은 몹시 아프기만 했어
조금만 일에도 가슴 졸이며
눈물 나던 날들 속에서

비 개이고 무지개 뜨면
마음이 열릴 거야
푸른 하늘처럼 마음이 마음이
무지개를 타고 마음과 마음들이

52. 비 개이고 무지개 뜨면 장지에 채색

저녁 달 함께

깊고 편안한 곳을 향한
간절한 마음

고요히 홀로 걷다
멈춘 이곳에서

저녁날 함께
향기롭다

53. 저녁 달 함께 장지에 채색

54. 맑은 별 빛　장지에 채색

맑은 별빛

세상이 빛나며
새로운 길을 만든다

나무는 한 잎씩
싹을 틔우고

눈물 깊은 사랑도
기쁨의 얼굴로 웃음 짓는다

따스한 바람이
가슴에 안기고

은혜로 가득한
그대 눈동자

맑은 별빛으로
아름답게 춤추는 사랑

달빛 그네를 타며

먹먹한 가슴이
달빛 그네를 타며
밤하늘을 두드리니

꿈이 그리워서
울던 별들은
어디론가 사라져 가고

보이지 않는 어둠속에서
불어대는 바람소리에
펄럭이는 밤하늘

하염없는 날갯짓으로
반짝이는 별을 찾는
그대 눈동자

가만히 들여다보니
빛 푸르게 웃음 짓는 별들이
그대 가슴속에 숨어있네

55. 달빛 그네를 타며 장지에 채색

소중한 당신

따뜻한 숨결로 얼굴 내민
나팔꽃의 웃음 속에
푸른 하늘처럼 펼쳐지는
당신의 얼굴

하나 둘 피어나는 꽃 속엔
까만 씨 하나
사랑으로 따뜻한 온기가 되어
늘 새롭게 움트는 싹

그리움이 걷고 있는
맑고 드넓은 하늘가에서
아침 이슬 머금고
활짝 웃고 있는 당신

싱그러운 바람결에
쪽빛 웃음 전해주며
나의 길을 밝혀주시는
소중한 당신

56. 소중한 당신 장지에 채색

내 마음의 하늘에는

별들이 지나간다
나를 홀로 남겨두고
별들이 지나간다

새벽의 하늘에는
슬픈 영혼의 눈물 한 점 번지며
별들이 지나간다

별들이 다가온다
나를 향해 웃음 지으며
별들이 다가온다

내 마음의 하늘에는
반짝이는 별들이 봄 여름 가을 겨울
기쁨으로 나를 향해 다가온다

57. 내 마음의 하늘 에는 장지에 채색

지독한 그리움으로

온갖 무거운 짐 다 내려놓고
새로운 길을 내며 허공을 달려본다

바람 찰랑이는 들녘엔
사연 많은 풀들이 촛불을 켜고

가슴 저리게 슬픈 영혼들은
침묵의 노래로 연꽃 향기에 젖어간다

보이는 것마다 푸르름으로
곱게 익어가는 하늘에선

둥근 달 희망으로
떠오르며 웃음 짓는데

너울대는 세월은 산허리를 휘감고
지독한 그리움으로 더 짙어가고 있다

58. 지독한 그리움으로 장지에 채색

그대 따뜻한 손길로

향기로 가득한 그대가
진실한 믿음 살며시 건네주면
내 마음은 분홍빛 꿈이 물들어 간다

그대 따뜻한 눈빛으로
분홍빛 꿈들을 펼치면
내 마음엔 희망의 날개가 돋아난다

가야할 길 비록 힘들어도
그대 따뜻한 손길로
내 마음을 어루만지면

서글픈 바람 껴안고도
마음껏 웃음 짓는
한 송이 사랑 꽃이 된다

59. 그대 따뜻한 손길로　장지에 채색

60. 맑은 향기로 바람 일어 장지에 채색

맑은 향기로 바람 일어

덧없는 바람 불어
공허한 삶으로
가슴이 아프지 말아라

쓸쓸함도
외로움도
가을 나무가
이파리 떨구듯

맑은 향기로
바람 일어
새벽하늘처럼
걸어가라

마음을 열고 손을 내밀어

마음을 열고 손을 내밀어
하늘을 향한 우리들의 삶이
희망의 날개를 접지 않도록

마음을 열고 손을 내밀어
우리들의 삶이 기대고 있는
그 이름 그 얼굴들이 잊혀 지지 않도록

마음을 열고 손을 내밀어
늘 맑고 향기로운 웃음으로
서로의 가슴이 따뜻해 질 수 있도록

61. 마음을 열고 손을 내밀어 장지에 채색

고귀한 사랑

비가 내린다

생각해 보니
고귀한 사랑은

빗물에 젖어든
그리움으로도

홀로 아름답게 물드는 것

62. 고귀한 사랑　장지에 채색

내 발자국

바람도 잠이 든
적막한 길 위에
들꽃 사이로 새어나오는
초저녁 달빛

맑은 영혼들의
노래 소리엔
동그란 웃음 피어나고

여백의 푸른 하늘에선
텅 빈 가슴으로
울려 퍼지는 풍경소리

고요한 눈빛 머금은
아름다운 어울림 속에
푸욱 잠긴 낸 발자국

63. 내 발자국 장지에 채색

64. 깨달음의 빛 장지에 채색

깨달음의 빛

아주 작은 바람 불어대는
계절 앞에서

온 몸으로 춤을 추며
사라져 가는
저 눈물 나는 꽃잎들

고요한 달빛 아래
빈 가슴으로 노래하며

온 힘을 다해
새로운 길 찾아가는
깨달음의 빛

자비심

분홍빛 이슬 머금은
드맑은 허공엔
눈빛 맑은 달

빈 손 들어 웃음 짓는
그대 얼굴엔
깨달음의 향기

평온함이 깃들어
하얀 구름 피어나는
그대 마음 밭엔

겸손으로 내려 앉아
고요히 피어나는 한 송이 꽃
자비심

65. 자비심 장지에 채색

꿈을 키우는 별

숨소리 나직한
별빛 사이로
가을바람이 지나간다

저녁 이슬 맞으며
달빛을 품고 가는 낙엽들

그들의 마음속엔
새로운 세상을 향한
맑은 눈빛이 가득하고

아주 작고
조용한 밤하늘엔

꿈을 키우는 별들이
반짝이는 강을 건너며
사랑을 노래하고 있다

66. 꿈을 키우는 별 장지에 채색

67. 분홍빛 사랑　장지에 채색

분홍빛 사랑

다정히도 불어오는 봄바람에
하늘 빛 껴안고 분홍빛 사랑이 너울댄다

참 고운 빛깔로 얼굴 부비며
연꽃처럼 아름다운 분홍빛 사랑이 너울댄다

멀어져간 시절 속에 갇힌 옛날은
마음속에 맑은 등불하나 밝혀두고

분홍빛 너울대며
사랑으로 가슴 적신다

서성이는 내 감정

서성이는 내 감정을
고운 시선으로 바라보는 그대

망설임
낯선 길
망설임

그대 마음을
읽고 또 읽으며
그리움 속에 하루해가
또 저물어 간다

68. 서성이는 내 감정 장지에 채색

맑은 묵상

구름이 내 안에 들어와
비를 뿌리면
어두움 사라지고
풋풋하게 새로운
싹이 돋아난다

비워진 마음안엔
설레임 가득한
연두빛 사랑

맑은 묵상으로
웃음 짓는 얼굴엔
투명한 빛

마음을 비우고
고요히 걸어가는 길목엔
그대의 향기 머금고
춤을 추듯 발걸음도
한층 가볍다

69. 맑은 묵상 장지에 채색

70. 초록빛 기도 장지에 채색

초록빛 기도

자신을 씻어 흐르는 시냇가엔
초록이 짙어가고

무릎위에 두 손 가볍게 올려
깊숙이 젖어든 마음엔
고요의 세상

아주 곱고 눈부신 꽃 아래
한마음으로 피어나는 꿈

눈 시린 세월 속을
분홍빛 꿈으로 단장하고
초록빛 기도로 익어가는 시간

한 걸음 느리게

달빛에 실려
욕심 없는 마음으로
꽃을 피우고

한걸음 느리게
떠가는 행복

꿈과 희망이
향기를 피워내는
밤하늘에

아름다운 별 하나
맑게 반짝이고 있다

71. 한 걸음 느리게 장지에 채색

72. 사람도 사랑도 그 모든 것들이 장지에 채색

사람도 사랑도 그 모든 것들이

맑은 강 한 굽이 나를 안고 흐르는데
잔잔한 바람 굽이치며
나비처럼 날아 오르네

들녘엔 사랑을 안고 가던
분홍빛 꿈들이 행복을 꽃피우며
하늘을 향하는데

초록 물결 푸르게 푸르게
미소 짓다 저물어간다

어느 먼 산에 앉아있던
가을볕은

슬픔의 눈물 떨어뜨리며
바위 곁에 기댄 풀 한포기 바라보다
따뜻하게 손을 잡아주고

사람도 사랑도 그 모든 것들이
아름다운 마음 그 고운 빛으로
서로를 감싸 안으며

눈처럼 하얀 마음으로
새로운 곳을 향하고 있네

마음 꽃

너의 슬픔은
가슴에 고이 접어두고
내게로 달려와서
환하게 웃고 있는 너

여름향기 만발한 호수엔
너의 웃음 담고 피어난
애틋한 마음 꽃 한 송이

하늘 저 멀리
그 어느 곳엔가 에도
너를 닮은 마음 꽃들이
아름답게 피어나기를

73. 마음 꽃 장지에 채색

달빛에 안긴 희망의 봉우리

붉은 해 서산을 넘어가고
하늘가를 스치는 바람소리

노을 위로 하얀 달이 흐르고
내가 잠시 머물러 서 있는 이 곳

한숨으로 그림자 출렁이며
밤새도록 슬픔으로 고인 가슴
흐르는 별빛에 씻어내고

나는 돌아가고 싶다

달빛에 안긴 희망의 꽃봉오리
그 맑고 향기로운 곳으로

74. 달빛에 안긴 희망의 봉우리 장지에 채색

숨소리 나직한 바람

맑은 달
마음에 어리어

고운 향기로
피어나
순수함을 담은
평온한 미소

수없이 출렁이는
생각들이

하늘 위를 떠돌다
푸르고 고요한 빛
곱게 누우면
숨소리 나직한 바람

사랑의 길 힘들어
눈 시린 날들이

어느새
허공을 향해
분홍빛 물들이며
온 가슴을 적시고 가네

75. 숨소리 나직한 바람 장지에 채색

텅 빈 허공을 향하여

움츠러든 마음이
세월을 딛고 서서
새로움을 찾을 때

내 영혼은 비로소
텅 빈 허공을 향하여
즐거움으로 날아오른다

76. 텅 빈 허공을 향하여 장지에 채색

77. 새로운 계절을 읽으며　장지에 채색

새로운 계절을 읽으며

바람 흩어지고
해 기울어
달빛 깊어가는 밤

그대 마음에
등 기대고 앉아
두 눈 감으니
발밑엔 한 가득
낙엽이 쌓인다

하늘의 키만큼
자라난 낙엽들은
새로운 계절을 읽어가고
내 가슴속엔
어느새 움트는 봄

밖엔 눈발이 흩날리는데
봄바람이 내 손을 잡고
들로 나가자 한다

명상에 잠긴 당신

맑은 마음으로
꽃을 피우고
조용히 명상에 잠긴 당신

지나온 자리마다
청정한 빛 길어 올리며
고운 향기로 가득한
당신의 흔적들

또 한 번의 봄 속에서
내 속울음은
환하게 웃음 꽃 피우며

당신 곁에 맑은 사랑으로
머물고 있습니다

78. 명상에 잠긴 당신 장지에 채색

79. 어떤 슬픔 장지에 채색

어떤 슬픔

어쩌면 내 슬픔들이
푸른 하늘에 숨어서
보이지 않는 걸까

떠오르는 둥근달
어떤 말 한 마디 없이
웃고 있다

80. 발돋움　장지에 채색

발돋움

참 맑은 물살로
마음이 싹트며
고운 꿈들이 출렁 거린다

가슴에 고인 기쁨들은
떠오르는 둥근 해를 안고
눈부시게 피어오르고

새로운 길을 향한 발 돋음은
희망으로 가슴 적시며
마음에 꽃등 하나 켜둔다

아름다운 내 사랑

맑은 향기
머리에 인
꽃잎 사이로

들키고 싶지 않은
마음 하나

샛별처럼 다가서며
조용히 웃음 짓는 얼굴

참 고운 빛깔로
수줍게 물드는
아름다운 내 사랑이여

81. 아름다운 내 사랑 장지에 채색

82. 마음의 꽃밭 장지에 채색

마음의 꽃밭

상처 깊은 곳에
마음의
꽃밭을 만들고
사랑을 주니
온 세상이
다 환하구나

긍정의 꽃 한 송이

내 시린 가슴이
네 삶속으로 걸어간다

나보다 더 여린 마음이
긍정의 힘을 빌려 살아왔을
너의 길엔 어떤 꽃이 피었을까

속 깊은 울음 배여 있을 그 길을
달빛 웃음 머금은 꽃봉오리 따라
하염없이 걸어가며

너와 함께 아름다운 긍정의 꽃
한 송이 더 피워 내고 싶다

83. 긍정의 꽃 한 송이 장지에 채색

둥근 마음으로

별빛 방울방울 내려와
마음에 맑음이 누우면
정갈한 모습으로
아름다운 세상

한 줄기 머문 바람
머리에 이고도
고요히 작아져서
웃음 짓는 연잎처럼

눈 시리게 맑은 빛으로
잠든 마음을 깨워
밤낮으로 환하게
사랑으로 마음의 문을 열고

믿음하나로 마음 씻어
세월을 담는 연잎처럼
온 마음 둥글어져
별처럼 빛나기를

84. 둥근 마음으로 장지에 채색

85. 분홍빛 씨앗 장지에 채색

분홍빛 씨앗

이슬처럼 맑은 눈가엔
텅 빈 마음으로 손 내밀어
가을 향기로 건너오는 사랑

푸른 하늘 아래
화려하지 않은 들꽃처럼
눈빛 건네는 사랑

외로워 쳐다본 그대 마음 안엔
맑은 영혼이 푸른 숨결로
노래하며 웃음 짓고

비바람 몰아치던 내 가슴속엔
분홍빛 씨앗들이 행복으로
자라나고 있다

86. 그대 향기 가득 들어차니 장지에 채색

그대 향기 가득 들어차니

맑은 빛으로
외로움 벗어나
고운웃음 머금은 그대

하늘 향한 침묵은
세상을 향한 손짓으로
자비로운 꽃봉오리

시리도록 푸른 허공엔
분홍빛 한 가득
구름을 감싸 안고

찬바람 불어
외로움으로 날을 새던
내 마음에도

그대 향기 가득 들어차니
온 몸이 평온함으로
물들어 간다

금산사 미륵 할머니 석상

굽이굽이 흘러가는
내 삶이 힘들어도
그대 품에 안기면
새로운 세상

그대 닳아진 손끝으로
내 어깨를 토닥여 주면
내 마음은 텅 빈 웃음이 되고

그대 뜨거운 마음으로
나를 꼬옥 안아주면
내 아픈 가슴은
사랑으로 흘러간다

옆으로 지나던 매서운 바람도
그대와 내 속내를 읽으며
자리를 내어 주던 곳

계절마다 아름다운 마음으로
함께 노래 할 수 있었던
참 오랜 연인 같은 그대가 있던 곳

이젠 가을 낙엽 내리는
낯선 곳에서
그리움을 밀어내며 말이 없다

87. 금산산 미륵 할머니 석상　장지에 채색

금산사 미륵 할머니 석상

금산사 미륵 할머니 석상

전해오는 얘기로는
100년이 넘도록 한 자리를 지키며 서 계시던 할머니 석상은
많은 불자들이 언제든지 찾아와서 기도할 수 있었던
곳에서 지금은 금산사 사찰 안으로 이전하여 자유롭게
할머니 석상을 만날 수 없습니다
빠른 시일 내에 원래 자리로 이전하여 많은 불자들이 마음
편하게 소원을 빌며 기도 할 수 있기를 바라는 간절한
마음으로 두 손 모읍니다

2017년 금산사 사찰 안으로 이전 하기 전 미륵 할머니 전각

2017년 금산사 사찰 안으로 이전 후 빈터

2017년 금산사 사찰 안으로 이전 후 미륵 할머니 전각 (전라북도 김제시 금산면 모악15길 1)

1판 1쇄 인쇄 / 2018년 10월 10일
1판 1쇄 발행 / 2018년 10일 16일

글 · 그림 / 이 유 경
펴 낸 이 / 서 정 환
펴 낸 곳 / 신아출판사

등록번호 / 제465-1984-000004호
주소 / 전주시 완산구 공북 1길 16(태평동 251-30)
전화 / (063) 275-4000
팩스 / (063) 274-3131
이메일 / sina321@hanmail.net
인쇄 · 제본 / 신아출판사

값 20,000원
ISBN 979-11-5605-564-8 03810

*지은이와 협의하여 인지를 생략합니다.
*잘못된 책은 바꿔드립니다.

이 도서의 국립중앙도서관 출판예정도서목록(CIP)은 서지정보유통지원시스템 홈페이지(http://seoji.nl.go.kr)와 국가자료공동목록시스템(http://www.nl.go.kr/kolisnet)에서 이용하실 수 있습니다.
(CIP제어번호: CIP2018031971)